AF357125

.·. L.·. G.·. D.·. G.·. A.·. D.·. L'U.·.

GRAND ORIENT (Gr.·. Loge) DE TURQUIE

EXPOSÉ HISTORIQUE SOMMAIRE

DE LA

MAÇONNERIE EN TURQUIE

PAR LE

Fr.·. Is.·. JESSUA

Gr.·. Econome du Gr.·. Or.·. (Gr.·. Loge) de Turquie

Mai 1922

CONSTANTINOPLE

Imp. Française L. Mourkidès, rue Lulédji Hendek 125

1922.

A∴ L∴ G∴ D∴ G∴ A∴ D∴ L'U∴

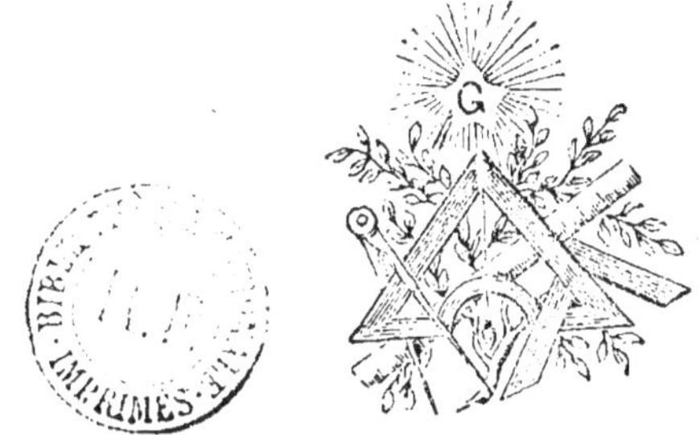

GRAND ORIENT (Gr∴ Loge) DE TURQUIE

EXPOSÉ HISTORIQUE SOMMAIRE

DE LA

MAÇONNERIE EN TURQUIE

PAR LE

Fr∴ Is∴ JESSUA

Gr∴ Econome du Gr∴ Or∴ (Gr∴ Loge) de Turquie

Mai 1922

CONSTANTINOPLE

Imp. Française L. Mourkidès, rue Lulédji Hendek 125

1922.

GRAND ORIENT (Gr∴ Loge) DE TURQUIE

EXPOSÉ HISTORIQUE SOMMAIRE

DE LA MAÇONNERIE EN TURQUIE

PAR LE

Fr∴ Is∴ JESSUA

Gr∴ Econome du Gr∴ Or∴ (Gr∴ Loge) de Turquie

Supr∴ Cons∴ de Turquie

La fondation d'une Maçonnerie Nationale de Turquie proprement dite est de date relativement très récente.

Il est vrai que dès 1861 des patentes, dites Patentes Halim, avaient été délivrées en conformité des Grandes Constitutions de 1786, au Prince Halim Pacha d'Egypte pour la formation en Turquie (Constantinople) d'un Suprême Conseil du Rite Ecossais Ancien et Accepté. En 1869 ce Supr∴ Conseil fut même reconnu régulier dans les Transactions Internationales parceque reconnu et patronné par le Supr∴ Conseil Mère des Suprêmes Conseils Confédérés (Siège à Charleston, Amérique du Sud).

Le Suprême Conseil de Turquie fut à cette date le seul Pouvoir Régulateur de l'Ordre pour l'Empire Ottoman. (Voir Annexe N° 1).

Il n'existe pourtant pas de traces de l'activité de ce Suprême Conseil et, malgré les recherches opérées depuis longtemps par l'auteur du présent exposé historique sommaire, rien n'est venu révéler, jusqu'ici, que le Suprême Conseil de Turquie, institué en 1861 en vertu des Patentes Halim, ait déployé une activité remarquable après sa reconnaissance.

Ce n'est qu'en 1909, après la proclamation de la Constitution, que le Suprême Conseil de Turquie fut reconstitué sur des nouvelles bases avec, comme Souverain Grand Commandeur, le Général de cavalerie Prince Aziz Hassan d'Egypte. Le Rite adopté fut le Rite Ecossais Ancien et Accepté.

Les TT.·. Ch.Ch.·. et Illustres FF.·. David J. Cohen 33me, Michel Noradounghian 33me, Midhat Chukri Bey 33me, Joseph Sakakini 33me, Membre du Supr.·. Conseil d'Egypte, Fuad Houlouci 33me, De Nari et R Ricci 33me, rendirent des services éminents en cette occasion.

Des élections provisoires eurent lieu le 25 Juin 1909 à Constantinople en attendant la reconnaissance de la Régularité et la Légitimité du Supr.·. Conseil par les Puiss.·. Maç.·. Régulières du Monde. (Voir Annexe No 2).

Cette reconnaissance eut lieu en Octobre 1909. Les Suprêmes Conseils Confédérés du Rite Ecossais Ancien et Accepté déclarèrent le Suprême Conseil National de Turquie, *Pouvoir Suprême Regulateur de la Maç.·. Ecossaise du Rite Ancien et Accepté pour l'Empire Ottoman.* L'Egypte fut soustraite à l'autorité de ce Supr.·. Conseil car un Supr.·. Conseil du Rite y avait déjà été reconnu autonome dès 1907, à la Conférence Internationale de Bruxelles où le Fr.·. Joseph Sakakini fut admis en qualité de délégué de la famille Indépendante Egyptienne.

Les élections définitives du Supr.·. Conseil de Turquie eurent lieu, en conséquence, le 21 Décembre 1909. Le résultat en fut le suivant :

Souv.·. Gr.·. Com.·. et Gr.·. Maître.·. — GÉNÉRAL PRINCE AZIZ HASSAN PACHA 33me.

1er Lieut.·. Gr.·. Com.·. Gr.·. M.·. — DJAVID BEY 33me (*ex-ministre des finances*).

2me Lieut.·. Gr.·. Com.·. Gr.·. M.·. — J. SAKAKINI BEY 33me (*Membre du Supr.·. Con.·. d'Egypte*)

1er Vénérable.·. Insp.·. Général.·. — SULEYMAN FAÏK PACHA 33me (*Commt de Corps d'Armée*)

1er Vénérable.·. Insp.·. Général.·. Adjoint — MEHMED TALAAT PACHA 33me (*ex-grand Vésir de Turquie*)

Gr.·. Chancel.·. Secret.·. Général.·. — DAVID J. COHEN 33me.

Gr.·. Orateur Procureur Général — MICHEL A. NORADOUNGHIAN 33e

Gr.·. Trésorier — OSMAN TALAAT BEY *Avocat* 33e

Gr∴ Trésorier Adj^t	— — EMMANUEL CARASSO *Avocat* 33e
Gr∴ Expert	— Dr RIZA TEVFIK BEY *Philosophe Sénateur* 33me
Gr∴ Arch∴ Bibliot∴	— MEHMED ARIF *Avocat* 33me
Gr∴ Capit∴ des Gardes	— GÉNÉRAL GALIB PACHA, *Directeur* G^l *de la Police,* 33me.
Gr∴ Capit∴ des Gardes, Aide de camp	— MEHMED FUAD HOULOUCI BEY, *Avocat, député* 33me.
Gr∴ M∴ des Cérémonies	— SARIM KÉBAR, *Négociant* 33me.
Gr∴ Porte - Etendard	— MIDHAT CHUKRI BEY *député* 33e
Gr∴ Porte-Epée	— RAHMI BEY, *député, gouverneur*
Député de Salonique	— SABRI BEY KIATIB ZADÉ, *Négociant,* 33me.

En même temps le Comte GOBLET D'ALVIELLA Souv∴ Gr∴ Comm∴ et Gr∴ M∴ du Supr∴ Cons∴ de Belgique fut nommé Souv∴ Gr∴ Comm∴ d'Honneur *ad vitam* en témoignage de reconnaissance pour le précieux concours fourni par lui au Supr∴ Cons∴ de Turquie.

Furent également, élus comme Membres d'Honneur, les TTT∴ Ill Ill Ill∴ et TTT∴ Puis Puis Puis∴ FFF∴ dont les noms suivent :

ALPHONSE DE PAEPE 33∴ Membre du Supr∴ Cons∴ de Belgique.
EMMANUEL GALANIS 33∴ Souv∴ Gr∴ Com∴ du Supr∴ Cons∴ de Grèce.
JOSEPH JUNCK 33∴ Gr∴ M∴ de Gr∴ Duché de Luxembourg.

Les officiers dignitaires furent les F∴ F∴ dont les noms suivent :

Prince Aziz Hassan, Mehmed Djavid, J. Sakakini, Suleyman Faïk, Mehmed Talaat, D. J. Cohen, Michel A. Noradounghian, Osman Talaat, Mehmed Arif, Sarim Kibar, Galib Pacha, Midhat Chukri.

Les F∴ F∴ Mehmed Galib bey, Mehmed Ali Rahmi, Fuad Houlouci, Em. Carasso, Riza Tevfik, Sabri Kiatib Zadé furent proclamés Membres Actifs.

Le 30 Avril 1914, Le Tr∴ Ill∴ et très∴ Puis∴ Fr∴ Dr∴ Mehmed Ali bey, Souv∴ Gr∴ Comm∴ actuel fut proclamé Souv∴ Gr∴ Com∴ du Supr∴ Cons∴ de Turquie en remplacement du Prince Aziz Hassan Pacha.

En même temps étaient créés sous l'obed∴ du Sups∴ Cons∴

1. Un Consistoire des Sublimes Princes du Royal Secret 32∴ Val∴ de Constantinople.

2. Un Conseil de chevaliers Kadoche 30∴ Aréopage Val∴ de Constantinople.

3. Deux Souverains chapitre des chev∴ Rose-Croix 18me Val∴ de Constantinople (Les Pionniers de l'Avenir, Concorde).

A∴ L∴ G∴ D∴ G∴ A∴ D∴ L'U∴

GRAND ORIENT (Gr∴ Loge) DE TURQUIE

Ainsi qu'il résulte du II § de la circulaire N° 1 ci-annexée, une tentative avait déjà été faite à Constantinople dès avant 1909 pour la fondation d'un Gr∴ Or∴ de Turquie. Feu le Fr∴ Forte qui en fut le promoteur ne put mener ce projet à bonne fin. Il ne put, en effet, réunir sous une seule et même obédience les diverses loges étrangères travaillant en Turquie notamment à Constantinople.

Ce n'est que le 9 Juillet 1909, que le Supr∴ Cons∴ de Turquie adressait une circulaire (n° 1) aux Vén∴ Vén∴ des RR∴ LL∴ étrangères travaillant à Constantinople et en province pour leur demander de concourir à la formation d'un Gr∴ Or∴ (Gr∴ Loge) de Turquie.

Les Tr∴ Ch∴ FF∴ De Nari, alors Vén∴ de la Resp∴ Loge Bisanzio Risorta (G∴ Or∴ d'Italie, Rite Ecossais) le Tr∴ Ch∴ Fr∴ Jean Siotos alors Vén∴ de la Resp∴ Loge Renaissance (Gr∴ Or∴ de France) le Tr∴ Ch∴ Fr∴ Raphaël Ricci 33me Vén∴ de la Resp∴ Loge Italia Risorta (Gr∴ Or∴ d'Italie), Nadra Moutran, Vén∴ d'une Loge Syrienne notamment, répondirent à cet appel (Voir Circulaires n° 1 ci-jointes pour les autres participants).

L'ordre du jour de la séance qui eut lieu le 13 juillet 1909 à l'effet de discuter cette question, séance où assistèrent les délégués des LL.˙. précitées, portait :

    a) Constitution régulière du Gr.˙. O.˙. de Turquie

    b) Election des dignitaires.

Ces élections eurent lieu le 1 Août 1909. Le 9 Août suivant le Gr.˙. Or.˙. (Gr.˙. Loge) de Turquie fut solennellement fondé et régulièrement proclamé comme Pouvoir Symbolique du Ier au IIIe degré du Rite Ecossais Ancien et Accepté pour la Turquie et ses dépendances. (Corps-Pouvoir des Loges Bleues du 1er au 3e degré).

Le cadre organique des Loges à la dépendance du Gr.˙. Or.˙. (Gr.˙. Loge) de Turquie était le suivant par ordre de fondation :

    N° 1 — La Patrie (Vatan — formée uniquement de Membres revêtu du 33me et dernier degré du Rite).

    » 2 — Mouhibbani-Hourrièt (Les Amis de la Liberté).

    » 3 — Véfa (Persévérence).

    » 4 — Resna.

    » 5 — Chefak (Aurore).

    » 6 — Bisanzio Risorta.

    » 7 — Les Vrais Amis de l'Union et Progrès (composée des FF.˙. séparés de la Loge Renaissance du Gr.˙. Or.˙. de France et désireux de travailler sous l'Obéd.˙. de la G.˙. L.˙. de Turquie).

    » 8 — La Fraternité ottomane.

Les délégués des LL. précitées prêtèrent solennellement serment de fidélité au Gr.˙. Or.˙. (Gr.˙. Loge) de Turquie à la séance du 9 Août. (Voir page 7 Annexe n° 1 ligne 26).

A noter que les F.˙.F.˙. M.˙.M.˙. Anglais, travaillant à Constantinople suivirent avec sympathie les efforts de la Maç.˙. Ottomane et encouragèrent très souvent par leur présence les travaux des L.˙.L.˙. turques, mais ne prirent pas une part active et directe à la Constitution du Gr.˙. Or.˙. de Turquie. (*)

(*) Depuis la Guerre surtout les FF.˙. Anglais s'abstiennent de fréquenter les LL.˙. turques et fréquentent aussi très rarement les LL. non anglaises de la Vall.˙. de Constantinople.

Le résultat des élections du 1 Août 1909 fut le suivant :

Gr∴ M∴	— Talaat Pacha.
» » *Adjt∴*	— Général Galib.
1 *Surv∴*	— Dr Mehmed Ali.
» » *Adjt∴*	— De Nari Edouard (Vén∴ de la Bisanzio Risorta).
2 *Surv∴*	— Osman Fehmi.
» » *Adjt∴*	— Nadra Moutran.
Orateur	— Riza Tevfik.
» *Adjt∴*	— M. Noradounghian.
Secret∴	— Osman Talaat.
» *Adjt∴*	— Casanova Solon.
Trésor∴	— Dr Modiano.
Econome	— Dr Souhami.
Maître des Cérém∴	— Raphael Ricci.
Experts	— Algranti Victor, Tevfik Bey.

Un point important sur lequel on ne saurait trop insister, c'est qu'il fut toujours dans la pensée et dans le désir des promoteurs et des fondateurs de la Maçon∴ en Turquie de constituer une Gr∴ Loge Nationale de Turquie plutôt qu'un Gr∴ Or∴. La Circulaire No 1 (Page 3 ligne 10 — Page 4 ligne 5) et la Circulaire No 2 (Page 4) ci-jointes le prouvent péremptoirement. Ce faisant, ces promoteurs et fondateurs avaient en vue de se conformer exactement et strictement aux nécessités du Rite Ecossais Ancien et Accepté qui veut qu'à côté du Supr∴ Cons∴ régulateur du Rite, il y ait une Gr∴ Loge, Corps-Pouvoir des LL∴ Bleues du 1 au 3 degré.

Si la Gr∴ L∴ Nationale de Turquie a été indifféremment appelée Gr∴ Orient cela tient plutôt à une habitude inexplicable et inexpliquée qu'à une intention bien arrêtée de ne pas se conformer aux nécessités respectables du Rite Ecossais A∴ et Accep∴.

Il paraît pourtant qu'une des principales objections, sinon la seule, que la Maçonnerie Anglaise ait formulées jusqu'ici contre la reconnaissance de la Maç∴ turque réside dans ce fait, qui n'est somme toute, que le résultat d'une simple et malheureuse négligence de dénomination et non pas, comme nous l'avons expliqué ci-dessus, la conséquence d'un écart volontaire des Principes de la Maçon.·. Ecos.·. dont les Maç.·. turcs sont strictement respectueux.

Aperçu Historique

Comme nous venons de le voir il n'existait pas avant 1909 dans l'Empire Ottoman et ses dépendances, une autorité maçonnique turque indépendante. Mais déjà depuis 1820 diverses loges maçonniques étrangères s'étaient constituées sur divers points du territoire turc notamment à Constantinople, en Macédoine, en Thrace, en Epire, à Smyrne, en Cilicie, en Syrie, en Palestine, en Mésopotamie etc. Ces loges relevaient pour la plupart des Suprêmes Conseils, Grandes Loges ou Gr.·. Orients d'Angleterre, d'Italie, d'Espagne, de France, etc.

Ces ateliers comptaient, en général, peu de Turcs. L'élément prédominant était formé d'étrangers établis depuis plus ou moins longtemps en Turquie, de Chrétiens et de Juifs vivant en Turquie, originaires du pays mais protégés ou sujets d'une puissance étrangère.

Les Turcs, et d'une façon générale les Musulmans s'affiliaient rarement dans la Maçonnerie. Cela tenait, à notre sens, à deux causes principales :

a) le discrédit attaché au nom de maçon parmi les masses fanatiques et ignorantes ;

b) le régime d'espionage très sévère sous lequel gémissaient les habitants du pays et particulièrement l'élément turc.

On ne saurait, par conséquent reprocher avec justice aux Turcs éclairés d'être inaccessibles à l'idéal maçonnique.

En effet, depuis que la Turquie jouit d'une liberté relative en matière de religion et de politique, les Turcs se sont affiliés par centaines dans les Loges et plusieurs d'entre eux peuvent être cités comme des exemples de vertu et de foi maçonnique.

La Révolution jeune turque qui a abouti à la proclamation de la Constitution et, peu après, au détrônement du tyran Abdul-Hamid II fut préparée dans les Loges maçonniques de Macédoine notamment à Salonique, Loge Macedonia Risorta (italienne) Veritas et Labor et Lux (françaises) Perseverencia (espagnole).

Le Comité révolutionnaire jeune turc s'étant transporté à Constantinople, ses chefs, Talaat pacha, Midhat Chukri bey, Rahmi bey, Mazliah Nessim, Galib Pacha, Emanuel Carasso, résolurent de fonder avec l'appui des Supr.˙. Conseils Etrangers, un Supr.˙. Cons.˙. Nation.˙. ottoman. Ils s'abouchèrent à cet effet avec les Loges étrangères de Constantinople qui leur fournirent, comme nous l'avons dit plus haut, un concours loyal et dévoué, c'est ainsi, par exemple, qu'une ancienne Loge Italienne, la Bisanzio Risorta, travaillant depuis assez longtemps déjà sous l'obédience du Gr.˙. Or.˙. de Rome, passa *in corpore* au Gr.˙. Or.˙. de Turquie.

En fondant une Maçonnerie Nationale les Jeunes Turcs visaient un double but :

a) Profiter du régime de liberté qui venait d'éclore et trouvant le terrain libre, fonder une Maçonnerie autonome dans le même esprit qui avait présidé à l'émancipation politique et nationale.

b) Former un noyau compact de constitutionnels libéraux capables de maintenir en respect les réactionnaires encore très nombreux.

Malheureusement le recrutement des Maçons se ressentit trop de la hâte extrême que les Jeunes Turcs, soucieux de mater la réaction, mirent à peupler les Loges. Des gens dont le seul mérite avait été d'être des partisans résolus du Comité Révolutionnaire jeune turc, furent accueillis, voire attirés dans les Loges sans aucun discernement, de sorte que pendant longtemps les loges maçonniques de Constantinople, dirigées et gouvernées presqu'en totalité par des Jeunes Turcs militants ou par des partisans plus ou moins résolus du Comité révolutionnaire, donnèrent le spectacle de sections de l'Union et Progrès plutôt que d'assemblées sereines de Francs-Maçons.

Plusieurs personnes honorables et réellement dignes d'entrer dans les Loges maçonniques, se virent impitoyablement en refuser l'accès parce que n'approuvaient pas la conduite des Jeunes Turcs ou simplement parce qu'apparentées, de près ou de loin, à des personnalités de l'ancien régime.

Les officiers de l'Armée de Macédoine qui avait envahi Constantinople, formaient un groupe important de maçons. Des sénateurs, des députés, des policiers, des officiers de gendarmerie, de fonctionnaires de tout rang et de toutes catégories fréquentaient les Loges. C'était un véritable engouement. Chacun voulait devenir maçon pour plaire aux dirigeants du nouveau régime. Bien peu nombreux étaient ceux qui entraient dans une Loge par conviction.

Cette situation dura plus d'une année. Elle n'eut heureusement pas les suites aussi fâcheuses que l'on aurait été en droit de redouter. En effet, dès que les Jeunes Turcs cessèrent de distribuer des emplois et des dignités, tous les Maçons qui s'étaient fait initier dans le secret espoir d'émarger à un titre quelconque au budget de l'Etat, s'empressèrent de déserter avec un ensemble touchant, les Ateliers qu'il n'y avait plus aucun avantage matériel à fréquenter.

Les bons maçons restèrent et s'efforcèrent de réagir. Une sélection fut même opérée parmi les maçons dont plusieurs furent écartés sous divers prétextes.

Deux ans s'étaient déjà écoulés. La réaction ne faisait plus craindre aux Jeunes Turcs un retour violent à l'ancien régime. Le Comité était le maître du pays. N'ayant plus besoin du concours des Loges dans sa lutte pour la liberté, les Chefs de l'Union et Progrès à commencer par le Gr.·. M.·. Talaat ne fréquentèrent plus les L L.·.

Ils se contentèrent de s'intéresser de loin aux faits principaux dont les Atel.·. étaient le théâtre apportant cependant un grand soucis à ce que les hauts grades et dignités maçonniques fussent tenus pour toute éventualité par des personnes jouissant de la confiance de l'Union et Progrès.

Le Médecin de vaisseau D⁻ Mehmed Ali Bey, actuellement Souv.·. Gr.·. Comm.·. fut désigné comme G.·. M.·..

Ce viellard respectable, généralement aimé et considéré, se dévoua corps et âme à sa mission. Mieux secondé, il eût sans doute pu laisser une trace plus profonde de son passage au Gr.·. Or.·. Néanmoins, son œuvre demeure considérable. Sous son énergique impulsion, des L.·. furent créées un peu partout (Ismidt, Adana, Konia, etc.).

Il ne put cependant éviter durant la guerre la clôture irrévé-rencieuse, de la part des Autorités, de la R ·. L.·. Anglaise ni la suspension prolongée des travaux des L.·. L.·. turques ordonnée par le Cabinet Jeune Turc qui comptait pourtant plusieurs Maçons. Mais il faut avouer, pour être juste, qu'il était trop faible devant la volonté de fer du Généralissime et Ministre de la Guerre Enwer Pacha. Les FF∴ Talaat Pacha et Midhat Chukri bey réussirent enfin après plus d'un an à obtenir la réouverture des LL∴ turques.

Diverses personnalités ont occupé depuis 13 ans la Gr∴ M∴ trise de la Maçon∴ Leur œuvre quoique très honorable en elle-même, n'est pas de celles qui se distinguent par un succès particulièrement brillant. Aussi, renonçons-nous à l'analyser, nous bornant seulement à dire que ces personnalités s'efforcèrent de conserver ce qui existait sans introduire des modifications ou innovations méritant d'être relevées. La période de troubles politiques et de guerres presqu'ininterrompues que nous avons traversée depuis la proclamation de la Constitution et qui continue malheureusement à l'heure actuelle, fut d'ailleurs, peu propice à des améliorations que tous jugent nécessaires.

A l'heure actuelle, le Gr∴ Or∴ (ou Gr∴ Loge) de Turquie issue de cette conviction est composé de personnes dont chacune d'elles est une garantie de sincérité, de travail probe et fructueux. Ils s'efforcent de faire de leur mieux pour arriver à une entente loyale et solide entre les divers éléments ethniques du pays. Le programme du Gr∴ O∴ de Turquie est condensé dans le discours-programme prononcé par un de ses membres à la cérémonie d'installation de la R∴ L∴ Etoile d'Orient (Voir annexe N° 5).

Un des principaux soucis du G∴ M∴ actuel, le Professeur Bessim Eumer Pacha, est d'établir des relations suivies et frat∴ avec les Puissances, maçon∴ étrangères et tout particulièrement les Rev∴ Loges de langue Anglaise.

Aujourd'hui, le Gr∴ Or∴ de Turquie est en rapports offiiciels avec presque tous les SS∴ CC∴ et Gr∴ Or∴ d'Europe et d'Amérique. Il a échangé des garants d'amitié avec certaines puissances maçon∴ régulières du même Rite, évitant avec soin toutes relations avec les Maç∴ irréguliers.

Le Sup∴ Cons∴ de Turquie ainsi que le Gr∴ Or∴ (Gr∴ Loge) ont toujours désiré ardemment et sincèrement nouer des relations cordiales avec le Supr∴ Cons∴ et la Gr∴ Loge nationale d'Angleterre. Il n'apparaît pas pourtant que leurs efforts périodiques en vue d'amener un rapprochement avec la Maçon.·. anglaise aient trouvé un écho sympathique auprès de cette dernière. Cette constation est d'autant plus amère que le Supr.·. Cons.·. et le Gr.·.Or.·. ignorant des causes de cette réserve extrème ne demandent pas mieux que de fournir loyalement à la Maçon.·. anglaise toutes les explications et renseignements désirables en vue de faire disparaître les malentendus ou les causes de dissension qui empêchent une collaboration fraternelle et amicale entre les deux maç.·.ies sœurs.

Le G.·. Or.·. (Gr.·. Loge) de Turquie, qui a déjà éliminé de son sein tous les éléments indésirables ou compromis à un titre quelconque s'offre, pour sa part d'examiner avec le plus grand esprit de conciliation toutes les remarques et objections que la Maçon.·. anglaise pourrait être amenée à formuler en vue d'établir les bases d'une entente entre nos deux Puissances symboliques.

Situation actuelle

Le Gr.·. Or.·. ou Gr.·. Loge de Turquie compte actuellement à Constantinople dix loges travaillant du Ier au IIIe degré suivant le Rite Ecos.·. Anc.·. et Accepté. Ces loges, composées de tous les éléments ethniques originaires ou hôtes plus ou moins passagers du pays (Turcs, Grecs, Arméniens, Juifs, Arabes, Kurdes, Albanais, Français, Anglais, Italiens, Slaves, Autrichiens, Slovaques, Hongrois) ont adopté des règlements spéciaux calqués sur le modèle des règlements en usage dans la Maç.·.ie de Belgique, Régulatrice de la Maç.·. Universelle du Rite Ecossais Ancien et Accepté. Ces Ateliers travaillent en langue turque (la L.·. Etoile d'Orient exceptée, qui travaille en langue française pour permettre aux FF.·. étrangers de s'intéresser à nos travaux).

Le nombre des F.·. F.·. en activité à Constantinople est de 500 environ. Le Gr.·. Or.·. (Gr.·. Loge) qui vient de s'installer dans ses meubles depuis quelques jours (1 Mai 1922) s'efforcera de réactiver les Maçons en sommeil à Constantinople et en province. Ceux-ci sont au nombre de quelques centaines. Mais il est fermement résolu à écarter impitoyablement les éléments suspects ou compromis à un titre quelconque. Le Gr.·. Or.·. (Gr.·. L.·.) de Turquie défend toute discussion politique ou religieuse dans ses temples. L'accès en est seulement permis aux Maçons réguliers.

Depuis la guerre et surtout depuis les événements d'Anatolie (Mouvement national du Maréchal Moustafa Kémal Pacha) le Gr.·. Or.·. de Turquie est coupé pour ainsi dire du reste de la Turquie. Il n'a pas pu suivre de près, par conséquent, les travaux des Ateliers provinciaux, des Loges d'Ismidt, d'Adana, de Konia, etc.

La Loge « Le Soleil » travaillant à Smyrne, travaille actuellement à Constantinople en attendant qu'elle puisse reprendre son activité à Smyrne. Son Vén.·. le fr.·. Férid Asséo déploie les efforts les plus louables.

La guerre qui dure depuis 10 ans a eu pour résultat la fermeture de quelques Loges, telles que : Les Vrais Amis, de l'Union et du Progrès, La Fraternité Ottomane, Patrie, Constitution. Mais d'autres Loges ont été créées notamment l'Etoile d'Orient, Sultan Mourad V etc. (en Souvenir du Sultan, frère défunt).

Le Suprême Conseil

Se compose actuellement d'un Aéropage et de deux Chapitres de Rose-Croix. Il est lié au Gr.·. Or.·. (Gr.·. Loge) de Turquie par un Concordat délimitant leurs attributions respectives et reconnaissant le Gr.·. Or.·. ou Gr.·. Loge de Turquie comme le seul Pouvoir Symbolique légitime et régulier pour tout l'Empire ottoman en ce qui concerne les premiers trois degrés Symboliques (Apprentis, Comp. Maître).

Club Maçonnique

Un Club Maçonnique vient d'être fondé à Constantinople sous les auspices de la Gr.·. Loge (Gr.·. Orient de Turquie). L'ouverture de ce club permettra de donner une majeure impulsion au mouvement tendant à grouper tous les Maçons réguliers pour en former un bloc solide et compact et favorisera dans une large mesure la propagande qui est menée actuellement en vue d'apaiser les rencunes existant entre les diverses races et de provoquer un rapprochement sincère et durable entre les éléments ethniques du pays. L'œuvre apparaît difficile mais non impossible.

Œuvres de Bienfaisance

La Gr.˙. Loge (Gr.˙. Orient) de Turquie s'est toujours occupée de bienfaisance, comme toutes les Rep.˙. Loges d'ailleurs. Elle a efficacement secondé ou patronné diverses Institutions philanthropiques. L'œuvre de la *Protection de l'Enfance* est un de ses principaux titres de gloire. Cette œuvre habille, nourrit et éduque un grand nombre d'enfants sans distinction de culte ni de nationalité.

La Maçonnerie Turque a pris une part très active à la fondation du Croissant-Rouge, œuvre éminemment humanitaire qui soulage des milliers de malheureux.

Notre grand Maître actuel, le Dr Professeur Bessim Eumer Pacha, qui est le Président de cette importante Institution, ainsi que le Souv.˙. Gr.˙. Comm^t du Supr.˙. Conseil de Turquie Dr Mehmed Ali Bey 33.˙. qui en fut l'Inspecteur Général à l'époque de sa fondation, se sont dévoués corps et âme pour en assurer la bonne marche.

La Gr.˙. Loge de Turquie a également contribué dans une large mesure à la fondation de l'Association de concours en faveur de la fondation de la *Ligue des Nations*. Cette Association compte plusieurs de nos FF.˙. dans son Comité Directeur. Cette décision a été prise à la suite de notre participation au dernier Congrès Maçonnique qui s'est tenu l'année dernière à Genève.

Une Loge Ottomane. l'Etoile d'Orient, patronne actuellement une œuvre très méritoire, celle de la Suppression de la Mendicité. Plusieurs enfants des deux sexes sont arrachés à la misère et reçoivent une éducation soignée.

De très nombreuses autres œuvres ou personnes privées reçoivent des secours périodiques ou occasionnels. L'œuvre de la *Prohibition de la Prostitution* est en grande partie dirigée par des Maçons.

Constantinople, le 15 Mai 1922.

Le Gr.˙. Maître	**Le Gr.˙. Secrét.˙.**
Signé : Dr Professeur **BESSIM EUMER**	*Signé :* **ALI RÉFIK**

Annexe N° 2

GRAND ORIENT (GR∴ LOGE) DE TURQUIE

UNIVERSI TERRARUM ORBIS ARCHITECTIONIS AD GLORIAM INGENTIS

ORDO AB CHAO   **UNION-FORCE-PROGRÈS**

Suprême Conseil du 33° et dernier degré du Rite Ecossais
ancien et accepté
Chef du Rite pour tout l'Empire Ottoman
SIÈGE A CONSTANTINOPLE

*A tous les Suprêmes Conseils, Grands Orients, Grandes Loges
et à tous les Maçons réguliers répandus sur la surface des deux Hémisphères*

SALUT-FORCE-PROGRÈS

TTT∴ CCC∴ FFF∴

*Nous avons la faveur de vous informer que les Elections
de notre Suprême Conseil en date du 25 Juin ont été provisoires
afin de pouvoir maintenir l'activité de l'ordre Ecossais, jusqu'à
la reconnaissance de la régularité et légitimité de notre Haut
Corps.*

*Vu que le Suprème Conseil a été reconnu par des Très
Hauts, très influents Suprèmes Conseils de la Confédération Ecos-
saise, être régulièrement constitué et légitime Pouvoir Chef du
Rite Ecossais Ancien et Accepté pour tout l'Empire Ottoman,
excepté l'Egypte où un Suprème Conseil du Rite a été reconnu
Autonome à la Conférence de Bruxelles en 1907 :*

*Vu que nous devons nous maintenir en activité continuelle
dans l'intérêt du Rite, du bien de l'Ordre en général, le Suprême
Conseil régulièrement convoqué, s'est réuni au Temple de la
Vérité, sous la Voûte Céleste au Zénith 41° degré 01" min∴
15' secondes de lat∴ nord, et après les formalités d'usage*

a procédé suivant l'ordre du jour aux élections définitives pour la répartition des charges des grands Dignitaires du Sup∴ Cons∴

Ci-bas, nous vous remettons la liste des élections du Suprême Conseil, qui ont été faites suivant les prescriptions du Rite :

Ont été nommés élus et proclamés :

Souv∴ Gr∴ Comm∴ G∴ M∴ .	Génᵃˡ Prince **Aziz Hassan Pacha** 33∴
1ᵉʳ Lieut∴ Gr∴ Comm∴ G∴ M∴ .	**Djavid Bey** 33∴
2ᵐᵉ Lieut∴ Gr∴ Comm∴ G∴ M∴ .	J. **Sakakini Bey** 33∴
1ᵉʳ Vén∴ Insp∴ Gén∴	**Faïk Suleïman Bey** 33∴
» » » *adjoint* .	**Mehmed Talat Bey** 33∴
G∴ Chanc∴ Secr∴ Gén∴	David J. **Cohen** 33∴
G∴ Orat∴ Proc∴ Gén∴	**Michel A. Noradounghian** 33∴
G∴ Trés∴ du S∴ E∴	**Osman Talaat** 33∴
» » » *adjoint* . .	**Galib Mehmed Bey**∴
Gr∴ Hospit∴	**Mohamed Aly** 33∴
» *adjoint*	**Emmanuel Carasso** 33∴
Gr∴ Export	Dʳ **Riza Tewfik Bey** 33∴
Gr∴ Arch∴ Bibliothécaire . . .	**Mehmed Arif** 33∴
Gr∴ Capit∴ des Gardes	**Ghalib Bey** 33∴
Gr∴ » aide de camp . . .	**Mohamed Fouad Houloci** 33∴
Gr∴ Maîtres des Cérém∴	**Sarim Kibar** 33∴
Gr∴ Porte Etendard∴	**Midhat Chukri** 33∴
Gr∴ Porte Epée.	**Rahmi Bey** 33
Député à Salonique	**Sabri Kiatib Zade**

Nommé et proclamés en séance le 21 Décembre 1909

<table>
<tr><td>Les Lieut∴ Gr∴ Comm∴ G∴ M∴</td><td>Le Souv∴ Gr∴ Comm∴ G∴ M∴</td></tr>
<tr><td>M. Djavid 33°   J. Sakakini 38°</td><td>Aziz Hassan 33∴</td></tr>
<tr><td>Le Gr∴ Orat∴ Proc∴ Gén∴</td><td>Le Gr∴ Chanc∴ Sec∴ Gen∴</td></tr>
<tr><td>M. A. Noradounghian 33∴</td><td>D. J. Cohen 33∴</td></tr>
</table>

OFFICIERS DIGNITAIRES D'HONNEUR

DU SUP∴ CONS∴ DE TURQUIE

Tr∴ Ill∴ Tr∴ Puiss∴ Souv∴ Gr∴ Comm∴ d'Honneur ad Vitam
Le Comte Goblet d'Alviella
Souv∴ Gr∴ Com∴ G∴ M∴ du Sup∴ Cons∴ de Belgique

MEMBRES D'HONNEUR

Le Tr∴ Ill∴ Tr∴ C∴ Fr∴ **Alphonse de Paepe**
Gr∴ Chanc∴ Secr∴ Gén∴ du S∴C∴ de Belgique

Le Tr∴ Ill∴ Tr∴ Puiss∴ Fr∴ **Emmanuel Galanis** 33∴
Souv∴ Gr∴ Comm∴ du∴ S∴ C∴ de Grèce

Le Tr∴ Ill∴ Tr∴ Puiss∴ Fr∴ **Joseph Junck** 33∴
Grand Maître de la Maçonnerie de Grand Duché de Luxembourg

OFFICIERS DIGNITAIRES

DU SUPRÊME CONSEIL DU 33∴ POUR LA TURQUIE

du 21 Décembre 1909 au 20 Décembre 1918

Général Prince Aziz Hassan.	Souverain Grand Commandeur
Mehmed Djavid	Yen∴ Lieutenant Grand Commandeur
J. Sakakini	» 2me Lieutenant Grand Commandeur
Faïk Suleiman	Grand Inspecieur Général
Mehmed Talat.	» » »
D. J. Cohen	Grand Chancelier Secrétaire Général
Michel A. Noradounghian .	Grand Orateur Procureur Général de l'Ordre
Osman Talaat.	Grand Trésorier
Mehmed Arif	Grand Archiviste Bibliothécaire
Sarim Kibar	Grand Maître des Cérémonies
Ghalib	Grand Capitaine des Gardes
Midhat Chukri	Grand Porte Etendard

MEMBRES ACTIFS

Mehmed Ghalib—Mohamed Ali—Rahmy—Mohamed Fouad Houluci
Emmanuel Carasso—Riza Tewfik—Sabri Kiatib Zadé

Spécimen des sigatures des officiers appelés à signer les diplômes

Le Souv∴ Gr∴ Comm∴ ....

Le 1ᵉʳ Lieut∴ Gr∴ Comm∴ ....

Le II Lieut∴ Gr∴ Comm∴ ....

Le Gr∴ Chanc∴ Sec∴Gén∴ ....

Le Gr∴ Or∴ Proc∴ Gén∴ ....

Le Cr∴ Trésorier ....

Le Vén∴ Grand Insp∴ Gén∴ ....

ATELIERS SUPÉRIEURS

SOUS L'OBÉDIENCE DU SUPRÊME CONSEIL

Consistoire des Sublimes Princes du Royal Secret 32º∴ Vallée de Constantinople
Conseil des chev∴ Kadoche 30∴ Aréopage
"LA SENTINELLE DU BOSPHORE" Orient de Constantinople
Souverains chapitres des chevaliers Rose Croix 18º
"LE PIONNIERS DE L'AVENIR"
"LA CONCORDE"

Corps Maçonnique Ottoman régulier, lié avec le Suprême Conseil du 33∴ pour l'Empire Ottoman par un traité d'amitié, et ayant sous sa juridiction les Loges Symboliques.

LE SÉRÉNISSIME GRAND ORIENT (GRANDE LOGE) DE TURQUIE

FONDÉ EN 1909

---

8   loges installées à Constantinople
9   »   en Instance, dans le territoire Ottoman

Le IIᵉ Lieut∴ Gr∴ Com∴   Le Souverain Gr∴ Com∴
J. Sakakini 33º   **Aziz Hassan 33º**

Le Grand Chanc∴ Secr∴ Gén∴
D. J. Cohen 33º

Annexe N° 3

GRAND ORIENT (GR∴ LOGE) DE TURQUIE

UNIVERSI TERRARUM ORBIS ARCHITECTIONIS AD GLORIAM INGENTIS

ORDO AB CHAO   **UNION-FORCE-PROGRÈS**

Suprême Conseil du 33ᵈ et dernier degré du Rite Ecossais
ancien et accepté
Chef du Rite pour tout l'Empire Ottoman
SIÈGE A CONSTANTINOPLE

A tous les Suprêmes Conseils, Grands Orients, Grandes Loges
et à tous les Maçons réguliers répandus sur la surface des deux Hémisphères

SALUT-FORCE-PROGRÈS

TTT∴ CCC∴ FFF∴

Faisant suite aux procès-verbaux de la Constitution du Grand Orient (Grande Loge) de Turquie avec siège à Constantinople, sous les auspices de notre Suprême Conseil du Rite Ecossais ancien et accepté :

Vu que dès le 9 Août dernier le Sup∴ Cons∴ a déclaré que le dit Grand Orient (Grande Loge) a été régulièrement installé à l'Orient de Constantinople :

Vu que les grandes Constitutions du 1786, prescrivent de se tenir strictement aux Statuts et règlements généraux du Rite Ecossais ancien et accepté :

Vu que le Suprême Conseil doit être le Maître et chef absolu dans sa juridiction pour les degrès supérieurs au 3ᵐᵉ degré, soit du 4ᵐᵉ au 33ᵐᵉ inclusivement :

Vu la confiance pleine et entière que le Suprême Conseil a dans les grands Dignitaires, Officiers, membres du Grand Orient (Grande Loge) à se maintenir dans les prescriptions du Rite :

Les deux Hauts Corps ont à cet effet passé un Concordat, limitant l'administration d'un chacun ; concordat qui a été dressé le 20 Novembre 1909, ratifié et dûment signé, cacheté par les parties intéressées.

Le Suprême Conseil restant fidèle observateur du Rite Ecossais ancien et accepté, comme convenu et arrêté à la Conférence Internationale tenue à Bruxelles en 1907.

Décrète et a décrété :

1° Le Grand Orient (Grande Loge) créé et constitué sous ses auspices au Rite Ecossais ancien et accepté est le seul Pouvoir symbolique régulier reconnu légitime pour tout l'Empire Ottoman.

2° Le Grand Orient (Grande Loge) ne dérogera pas au Rite Ecossais ancien et accepté ; il pourra néanmoins cumuler dans son sein tous les Rites reconnus réguliers, et devra se maintenir scrupuleusement dans les limites du Concordat sans aucun droit ni réserve d'y déroger.

3° Le Grand Orient (Grande Loge) est déclaré, décrété autonome Pouvoir Symbolique légitime territorial des trois premiers degrés pour tout l'Empire Ottoman.

Fait et ratifié au siège du Suprême Conseil et en présence du Grand Maître et Grand Secrétaire du Grand Orient qui ont apposé aussi leur signature aux fins que de droit.

Constantinople, le 22 Novembre 1909 E∴ V∴

Le Souv∴ Cr∴ Comm∴

AZIZ HASSAN 33°

Le Gr∴ Or∴ Proc∴ Gén∴

M.A. NORADOUNGHIAN 33°

Le Gr∴ Maître du Gr∴ Gr∴

TALAAT SAI 33°

L'assistant Conseiller

JOSEPH SAKAKINI 33°

Le Gr∴ Chanc∴ Secr∴ Gén∴

D. J. COHEN 33°

Le Gr∴ Secrétaire du Cr∴ Or∴

OSMAN TALAAT